Eternamente Nosotros

Eternamente Nosotros

Jairo Guerrero

Eternamente Nosotros

@jaiiwriter

Ilustración de portada: Ricardo Enríquez Ramírez
@enra_arte

Primera Edición: junio 2023
ISBN: 9798398638325

Te quise,
te quiero
y aunque el universo nos tenga
hoy en día separados,
jamás olvidaré
lo que alguna vez fuimos...

...o pudimos ser.

Eternamente
Nosotros.

Se terminó.

Pero te seguiré llevando aquí,
en un rinconcito del corazón,
donde siempre seremos...

Todo lo que nunca logramos.

Tú y yo tenemos algo pendiente.
Pero anda,
ponte cómoda y sin prisas...

Puedo esperarte todas las vidas.

Cobardes

Qué cobardes somos al saber
que todavía nos queremos,
nos pensamos
y nos lloramos.

Pero simplemente no hacemos nada.

No sé si sea por el temor
a volver a fracasar,
pero aún llevamos
esa esperanza de algún día...

Volvernos a encontrar.

Voy avanzando

Es muy en serio cuando te digo que voy avanzando. No te miento, a veces me da por seguir pensando en ti. Y hoy ha sido uno de esos días:

Te extrañé y quiero pensar que fue un poco menos que ayer.

Pero sé que de eso se trata, de extrañarte más de una vez si es necesario, de recordar esos momentos que pasamos, los abrazos que nos dimos, los besos que probamos, las caricias recibidas, las folladas intensas que por las noches disfrutamos, los paseos por las calles, esas citas románticas, las palabras bonitas, las salidas al cine, las tardes de pizza, los conciertos, cafés, paisajes y discos que admiramos juntos.

Voy bien al recordarte de vez en cuando, porque no quiero forzar olvidarte. Sé que, si lo hago, tarde o temprano volverás a aparecer en mi mente, por eso voy despacio, de a poco, recordando, pero también borrando cada uno de esos instantes.

El tiempo avanza y el calendario se convertirá en tu peor enemigo, llegarán más personas a demostrarme porqué no funcionó contigo. Esto es un proceso y voy sanando de a fragmentos. Y aunque me esté costando, tengo la esperanza de que tarde o temprano llegará esa mañana en la que despierte y sin darme cuenta, ***haya logrado superarte.***

Tenías mil razones para quedarte

Ya lo tenías todo:

Un amor dispuesto
a lo que fuera,
motivos para que funcionara,
las palabras y el cariño,
el sentimiento y los detalles.

Y,
aun así,
un día cualquiera decidiste irte.

Buscando cualquier motivo,
algo sin sentido
que me hizo pensar...

Que ***siempre*** te quisiste marchar.

Te perdono,
por todas las veces
en las que me dijiste
"te quiero" *...*

Y sin sentirlo.

Todavía dueles

Quisiera presumirle al mundo
que ya no te extraño,
que ya no te pienso,
que ya te borré de mi mente
y que ya eres cosa del pasado.

Pero no.

Aún ***me dueles*** en lapsos,
por las noches antes de dormir
y justo al abrir los ojos.

Cuando creo haberte olvidado
te cruzas de nuevo
y me recuerdas que,
incluso en la distancia
y a pesar del tiempo...

Jamás podré sacarte
de mis pensamientos.

Me vas a recordar

Dicen que lo que bien se hace y se da con el corazón no se olvida, y, a pesar de que lo nuestro cambió y las cosas ya no salieron como esperaba, te ofrecí lo mejor de mi vida.

Ahora sé que me vas a recordar, porque, aunque te fuiste para explorar nuevos horizontes, no vas a encontrar a nadie que te llegue a querer con tanta magnitud como alguna vez yo lo hice.

Así como yo no olvidaré esas noches cuando me calmabas el temor y me protegías del frío, cuando tu pecho era mi refugio, el hogar donde quería permanecer.

Me vas a recordar, cuando vayas por la ciudad y no sea mi mano quien te sostenga para cruzar en cada semáforo. Cuando escuches nuestras canciones e intentes cantarlas y ya no sea mi voz quien te susurre al oído aquella parte favorita. Cuando ya no sientas el calor de mi alma entre tus brazos.

Me vas a recordar, cuando ya no tengas a nadie con quien hablar hasta de lo más íntimo de tu vida, cuando nadie te comprenda y te entienda de tal manera en que pueda darte paz al oír sus palabras.

Me vas a recordar, juro que me vas a recordar. Y lo que más me causa resentimiento, impotencia, es que yo también lo voy a hacer.

Porque después de conquistar cada parte de mis inseguridades, estoy empezando de nuevo, y aunque sé que tarde o temprano voy a olvidarte, pasaré por muchas mañanas y lunas llenas donde tu recuerdo volverá, y me va a recordar aquello que fuimos...

Y lo que ya no llegamos a ser.

Mil veces intenté curar
lo que yo no había roto…

Nunca lo logré.

Te quise sin miedos

Todavía me espantaba el amor,
tenía tanto temor
a volver a sentir,
a llenarme de ilusiones
y revivir a todas las mariposas
que estaban dormidas en mi interior.

Pero en ti encontré algo diferente,
llevabas una mirada especial
y una conexión irremplazable.

Y al verte nada me importó...

Me arriesgué y te quise.

Así, sin miedo al desastre
que estaba por llegar
y al inmenso dolor
que me ibas a causar.

Desde que estoy sin ti

He comprendido mejor la vida desde que estoy sin ti.

Al principio no entendía cómo es que la persona que más quería en el universo se alejaba, se iba de mi lado, pero con cada otoño caí en cuenta que te quise más de lo necesario.

Y sí, a veces vuelvo a recordar los lindos momentos y se me hace un nudo en la garganta al saber que al principio las cosas eran perfectas y después se fue convirtiendo en lo contrario.

Tus llamadas se hicieron menos constantes, los mensajes caían muy rara vez, las charlas hasta muy noche habían terminado, los relatos se acabaron, las caricias se esfumaron, las miradas se apagaron, los besos se secaron y el sentimiento fue desapareciendo por fragmentos.

Hasta que ya no pude más y acepté dejarte ir.

Aunque por dentro gritaba y suplicaba que no te marcharas.

Pero tenías que partir.

Y desde que estoy sin ti, te extraño, te extraño como no te lo imaginas, pero si de algo puedo estar seguro, es que en algún momento también me extrañarás.

Y no sé si cuando suceda todavía te recuerde o ya sea demasiado tarde. Lo que sí puedo decirte, es que, lo que tuvimos no se repite dos veces, porque a pesar de tu maldita ausencia, sigo pensando que era especial, que aquí te quise más de lo que debía, pero tal vez en otra época me quisiste con la misma intensidad.

Y sí, logramos ser felices.

Son finales que tengo que inventar, que tengo que aguantar y aceptar...

Desde que estoy sin ti,

desde que ya no estás aquí.

Porque te quiero
y me quiero,
por eso te suelto.

Ya está de más
seguir aferrándome
al mismo sitio
que ***no*** *tiene futuro.*

Ambos somos culpables

Donde quiera que estés
y con quien estés…

Espero que seas muy feliz.

Porque no,
no te guardo rencor
y no te culpo por lo que sucedió,
por la forma en que terminó.

Ambos somos culpables.

Y,
aunque ya no seamos nosotros,
yo quiero que estés bien,
cosechando sueños y sonriendo
como si nunca me hubiera ido.

Por todo lo que nunca fuimos

Hoy quiero recordar todo aquello que nunca fuimos. Porque ya acepté tu partida, sin embargo, aún no logro comprender el motivo por el que terminó.

Teníamos una vida feliz, sonreíamos cada tarde, nos llenábamos de abrazos cada noche, de besos por las mañanas. Hacer el amor era de lo más maravilloso, sentir tu cuerpo rozar con el mío era el mejor placer que pudiera existir.

Me amaste y te amé, más de lo que alguna vez hubiera imaginado. Te lo repetía a cada segundo en el oído para que lo llevaras eternamente contigo. Y tal vez no lo recuerdes, pero fuimos muy afortunados. Teníamos tanto, tanto que ahora no me explico: ¿por qué ya nada existe?

Y no, no te guardo rencor, porque no podría odiar a quien alguna vez me hizo feliz, a quien me curó de mi pasado y me devolvió las esperanzas.

Fue mi culpa insistir y querer permanecer cuando ya tenías que irte. Y ese fue mi error, no soltarte cuando debía, sin embargo, te llevo conmigo cada día. Porque me salvaste alguna vez, me quisiste y me diste momentos que de mi mente no voy a borrar.

Hoy te recuerdo y brindo por ti,
por todo lo que nunca fuimos.

Yo quiero verte feliz

No importa cómo nos dijimos adiós,
los problemas
que nos dejaron sin aliento,
la partida que no olvidaré,
las canciones, heridas
y lágrimas que alguna vez derramé.

Solo quiero que sepas que:

Nunca voy a olvidarte.

No olvidaré lo que fuimos
y lo que debíamos ser.

Lo que ya no escribimos
porque al final no funcionó.
Y lo acepté.

En donde estés
y con quien estés:

Yo quiero verte feliz.

Te amaba tanto
que,
incluso cuando te fuiste,
yo seguía cada noche
deseándote
siempre lo mejor.

Quizá

Quizá el sentimiento
fue tan grande
que no logramos
controlar lo que teníamos.

Que fue tan imposible de creer
que el pánico nos venció
y terminamos alejados.

Quizá por eso te extraño
y tal vez me extrañas también,
y guardamos los restos
del amor que alguna vez sentimos.

Quizá fue por eso
que ***nunca*** funcionamos.

¿Es normal extrañarte tanto?

La misma pregunta recorre mi mente cada crepúsculo mientras trato de no imaginar tu sombra a un costado de la cama.

Aún no he podido borrar tus besos, las caricias que nos dimos, las veces en las que hicimos el amor, las palabras bonitas y las canciones que alguna vez nos dedicamos.

No sé si es normal pensarte en cada amanecer, soñarte a mi lado en cada desayuno y pensar que juntos vamos a tu restaurante favorito para una tarde de ensueño.

¿Esto es normal?

Apareces incluso mientras me doy un baño, al estar pensando en otras cosas, de la nada algún recuerdo tuyo se atraviesa y me devuelve a mi realidad.

Una realidad donde ya no estás.

Donde te fuiste para no regresar.

¿Es normal sentir en mis manos todavía la sensación de estar acariciando tu cuerpo?

Respirar tu perfume en cada esquina y detenerme para mentirme que estás ahí, junto a mí.

¿Es normal sentirte en cada escrito y poema que leo en Instagram?

Saber que te reflejas en cada letra que describe nuestra historia.

No, no es normal extrañarte tanto, solo es una señal para hacerme entender que aún te quiero, que cuando creo haberte olvidado vuelves a mis pensamientos.

Que sigues aquí y que a pesar de cerrar el ciclo...

Todavía no te olvido.

Todavía me queda una esperanza
de creer que en otra vida...

Volveré a encontrarte.

Si me dieran a elegir

Si me dieran a elegir
volver a vivir
un momento feliz,
yo elegiría mil veces
revivir aquel día
cuando te conocí.

Porque,
incluso con los problemas
que llegaron después,
yo realmente disfruté
esos instantes
cuando te vi
por primera vez,
cuando me hiciste sonreír
como ***nadie*** lo había hecho antes.

Cuando me extrañes

Tú y yo dejamos muchos pendientes, nos queríamos bonito. Y era tanto el cariño que no logramos aprovecharlo, no sabíamos qué hacer con tanto y terminamos por arruinarlo.

Nos lastimamos y cada quien tomó caminos distintos.

Y está bien, ya era parte del destino que te fueras de mi vida. No te culpo, porque sé que también tuve muchos errores.

Después de un periodo, analicé las cosas, me acoplé al proceso, te estuve soltando por pedacitos y me prometí no dejar de anhelar lo mejor para ti.

Espero y en donde quiera que te encuentres seas feliz y que, cuando me extrañes, no dudes en abrazar mi recuerdo, porque seguramente, desde aquí, también estaré echándote de menos.

Cuando me extrañes, voltea y observa a la luna, te darás cuenta que sigue igual de resplandeciente como aquella noche cuando nos conocimos.

Cuando me extrañes, brinda por aquello que ya no fuimos.

Cuando me extrañes, cierra los ojos y recuerda esas veladas de lujuria, pasión y energía con el placer que alguna vez nos brindamos.

Cuando me extrañes, no te preocupes cuál fue nuestro error, simplemente agradece por todos los buenos momentos que nos ofrecimos.

Cuando me extrañes, no digas nada, solo sonríe por las veces en las que dormimos felices.

Cada que me extrañes, recuerda porqué tomamos caminos distintos y no pierdas esa ilusión de volver a encontrarnos...

O perdernos entre el olvido.

Si los dos se quieren,
se podrá.

Por más que hoy estén lejos,
al final el destino
***sabrá** darles ese reencuentro.*

Las personas también cambian

Te sigo buscando en cada recuerdo,
en cada luna llena
y en cada café de las mañanas.

Te sigo buscando en mis propósitos,
en cada calle al perseguir tu aroma,
en cada rincón buscando tu sombra.

Y dicen que has cambiado,
que ya no eres nada
de lo que fuiste antes,
que tus pensamientos son distintos
al igual que tus gustos.

Es por eso que ya no volví a buscarte.

Entendí que las personas
también cambian.
Y duele, duele aceptar
que ya no queda nada
de la persona que conocí.

Que ya no existe y que jamás volverá.

Duele aceptar que los meses avanzaron
y que eres diferente,
que el último grano de arena cayó
y con ello,
las esperanzas de lo que alguna vez fuimos.

Te juro que estoy bien

Lo juro, estoy bien. Solo te extraño de vez en cuando, pero eso no significa que no pueda estar sin ti.

Estoy bien, solo que a veces extraño tus besos, miro tus fotos y te imagino a mi lado.

Solo a veces me da por volver a caminar en las afueras de aquel café donde tuvimos nuestra primera cita.

Hay momentos en los que sueño que estamos juntos, que te tomo de la mano y te acompaño a la puerta de tu casa.

Hay ratos donde vuelvo a recordar lo dichosos que éramos al llenarnos de besos y caricias.

Lo felices que estábamos.

Lo bien que reíamos.

Lo mucho que saltábamos alegres y jugábamos entre las sábanas.

Te juro que estoy bien. Solo a veces, muy a veces vuelvo a recordarte.

Como casi nunca...

O como casi siempre.

Seguir, sin ti

No siempre las cosas salen
como lo esperas,
cometes o cometen errores,
se alejan y se despiden…

Y lo difícil llega
cuando tienes que aceptar
que ya no hay nada más por hacer,
que ya se terminó.

Y que ahora tienes
que tratar de seguir
sin la persona que te motivaba
a ***nunca*** rendirte.

No éramos nada,
pero nuestra conexión
fue especial...

Esa energía
que no se encuentra
dos veces en la vida.

Nunca se vuelve a ser el mismo

Y eso lo entendí
cuando me di cuenta
que tenía que vivir
con sus recuerdos.

Su partida fue como una bala
que no me asesinó
y dejó una herida
que después cerró,
pero la cicatriz jamás se borró.

Se crece,
se supera
y se continúa...

Pero nunca se olvida.

Nos tocó decir adiós

Tú y yo teníamos la mejor historia para contar, pero no quisimos hacerlo realidad, nos ganó la cobardía, el reloj, el momento.

No era nuestra vida, o tal vez sí y no fuimos lo suficientemente valientes para continuar, decidimos huir y dejarnos a la suerte, cuando lo más conveniente era hacer lo posible por seguir adelante. Teníamos que aprender a querernos, no a decirnos adiós.

Logré captarlo después, cuando cada quien planeaba vidas distintas, aunque, a decir verdad, no te olvidé. Te impregnaste en mí, en cada pequeña cosa que hacía, en cada pensamiento, en cada lugar, en cada estación y en cada canción.

Nos tocó decir adiós cuando ninguno de los dos estaba preparado, cuando el amor era lo único que llevábamos dentro, pero de eso aprendí mucho. No tuve remedio que aprender a vivir con tu recuerdo y soltarte con el paso de los días.

Pensé que seríamos eternos y terminamos siendo efímeros. Créeme, yo no perdí la esperanza de volverte a encontrar, sin embargo, comienzo a pensar que no seremos nosotros. Y que, en otro planeta o en otra existencia podría suceder, pero aquí:

Desgraciadamente y por mi mala fortuna,
nos tocó decir adiós.

Nunca te dejé de sentir

No pedí que te quedaras
aquella tarde
cuando diste media vuelta
y ya no volviste,
porque sabía
que era lo mejor para los dos...

Dolía,
porque una parte de mí
se iba contigo,
pero también tenía en mente
que era una buena decisión.

Tú querías ser libre
y yo liberarme de alguien
que ya no podía seguir,
que ya no le importaba
si me quedaba o me alejaba.

Por eso fue que te dejé partir,
pero ***nunca*** te dejé de sentir.

Madurar es entender
que hay personas
que vas a querer toda la vida...

*Pero **no** serán para siempre.*

Y cómo no va a doler...

si eras tú,
éramos nosotros,
pero no el momento.

Y eso me pregunto todas las noches:

¿En qué nos equivocamos?

Si alguna vez lo tuvimos todo.

Lo felices que alguna vez fuimos

¿Sabes?, hubo una época en donde tú y yo fuimos muy felices.

Teníamos lo que cada persona busca, un cariño sincero, un sentimiento que parecía verdadero, nos decíamos "te amo", nos llenábamos de besos y caricias, orgasmos y pasiones. Nuestros ojos brillaban cada vez que nos reuníamos, caminábamos despreocupados.

Reíamos por cualquier tontería, íbamos a cenar juntos cada noche tomados de la mano, fumando un cigarrillo de vez en cuando, comiéndonos a besos después de un par de cervezas. Me sentía completo, feliz de saber que sonreía al lado de quien sonreía también.

Pero de pronto, lo nuestro cambió, los temores volvieron, otras voces nos envenenaron, las distancias nos separaron, el tiempo hizo de las suyas y nos revolvieron la cabeza.

Mentimos,
nos fallamos,
nos lastimamos.

Cuando habíamos jurado que jamás volveríamos a derramar una lágrima, nos causamos océanos enteros que iban a cambiar por completo lo que teníamos.

Entonces decidimos soltarnos, por más que el sentimiento aún estaba, era mejor ya no seguir hiriéndonos.

Y ese fue nuestro último acto de amor, dejarnos ir para volver a empezar.

Y, aunque no lo creas, aún quiero que suceda, sigo esperando ese milagro de volver a toparnos en el futuro, después de haber vivido todo aquello que nos hacía falta y recuperar lo que alguna vez tuvimos.

Ojalá que la vida nos alcance y tenga preparada una última sorpresa para los dos. Porque si no es así, no tendré más remedio que vivir con el recuerdo de ***lo felices que alguna vez fuimos.***

Por eso te quise,
porque sabía que podía doler,
pero sería de ***las mejores***
historias de mi vida.

Revivir la ilusión

Solo espero que la vida
nos regrese a donde comenzó,
cuando no había barreras
y el sentimiento apenas surgía.

Que en el futuro te encuentre
y saber que ya estamos listos
para lo que dejamos pendiente.

Que hemos cumplido
con nuestros propósitos
y borrado lo que impedía
que estuviésemos juntos...

Tan solo para ***revivir esa ilusión***
de lo que jamás se nos dio.

Mi vicio siempre fuiste tú

Y así como otros son adictos al tabaco, al alcohol, a los colores verdes y al polvo mágico, así yo me volví adicto a ti.

Me envicié con tus besos, con tus caricias y tu cuerpo que ahora me cuesta salir.
Me cuesta pensar que estás en otro sitio, y yo sigo aquí, buscándote por cada rincón.

Me cuesta entender que ya no estás en los días de lluvia ni mucho menos estarás en las tardes blancas de invierno. Que te fuiste sin decir una sola palabra, sin buscar excusas, simplemente llevándote un fragmento de un corazón que se quedó sin aliento.

Me cuesta aceptar que ya no veré tu rostro, que ya no podré escuchar tu voz, que no sentiré de nuevo tus abrazos... que ya no vas a volver.

Pero al menos acepté que tengo una adicción hacia ti, y que tendré que pasar por un largo proceso para sanar y soltarte, aunque ahora esté muriendo por verte.

Es que mi vicio más fuerte,

siempre fuiste tú.

La culpa fue mía

Yo te quería,
incluso más de lo que debía.

Y ese fue mi error.

Porque al quererte tanto
te di el poder de destruirme,
de apoderarte de cada uno
de mis sentimientos,
de realizar un completo caos en mí.

Te entregué un amor
que no era para ti,
un cariño que no merecías...

Pero no fue culpa tuya,
fue mía,
por pensar que cambiarías.

Quizá nuestro destino
nunca fue estar juntos...

*Pero **sí** llevarnos*
por una eternidad
en los recuerdos.

No entiendo...

¿Por qué seguimos así?
sin hacer nada.

Si ambos sabemos
cuánta falta nos hacemos.

Y es probable que después
sea demasiado tarde,
uno de los dos se ***cansará*** de esperar
o ***volverá*** a enamorarse.

Las risas que nos faltaron

Lloramos más de lo que debíamos sonreír, qué forma más estúpida de tirar a la basura lo que habíamos inventado.

Jamás entendí qué fue lo que pasó, incluso ya olvidé los motivos por los que peleamos. Solo sé que dejamos de ser nosotros, que nos abandonamos y eso hizo que el terror se apoderara de los dos.

Dejamos de ser un equipo y nos fuimos soltamos.

Lo cierto es que, yo no quise irme, pero nos obligamos a decir adiós.

Y hasta hoy, después de tanto, me doy cuenta que nos marchamos sin ninguna razón, simplemente sucedió...

Ahora solo me da por recordar lo que nos hizo falta:

Los besos que ya no nos dimos,
las puestas de sol que ya no vimos,
las noches que no descubrimos,
sentimientos que ya no activamos,
caricias,
pasiones,
orgasmos,
vivencias,
las risas que nos faltaron, ese futuro juntos que alguna vez soñamos sería perfecto, las canciones que ya no nos dedicamos y las palabras que se perdieron en el viento.

Todo pasó tan rápido que olvidé decirte que incluso con mil dudas encima, no te olvidaría, ni en unos días, ni en un par de semanas, mucho menos en unos meses o después de unos años, porque estaré recordando lo poco que nos dimos y lo mucho que faltó...

Las risas que nos faltaron,

la vida que no quisimos vivir.

Lo nuestro no fue casualidad,
debíamos conocernos,
querernos
y tenernos...

Pero ***no*** *para toda la vida.*

Sé que curarme de ti es lo mejor

Y he dicho muchas veces
que no puedo,
aunque ya no me la creo...

Puedo estar sin ti,
pero todavía no quiero.

Porque a veces cuesta tanto
desprenderse de recuerdos,
de locuras
y pasiones que se llevan
todavía en la mente,
de besos que no se borraron
y miradas que siguen apareciendo...

Incluso sabiendo que lo mejor:

Es decirles adiós.

Te extraño a ratos

Lo más difícil que enfrenté en mi vida fue aprender a sobrevivir sin ti.

Aceptar que no te importaba estar a mi lado, solo buscabas una satisfacción, un placer, un amor de un rato que se fue convirtiendo en un sentimiento para mí.

No fui suficiente para lograr hacer que te quedaras, fue de esas veces cuando te toca entender que también es necesario perder.

Comprender que por más que lo intentara, no iba a lograr conquistarte y solo me quedaba dejarte partir.

Fue complicado estar sin tus palabras, sin tus mensajes, sin tus caricias, sin tu cuerpo, sin tus abrazos, sin tus besos, sin tu presencia.

Y aunque el corazón se me arrancaba del pecho, tuve que salir adelante, seguir con mi vida, sonreír cuando no había motivos y llegar firme a la noche sin comenzar a llorar.

Logré salir adelante, pero no te olvidé por completo.

Te extraño a ratos, cuando veo a una pareja caminar de la mano, cuando dos miradas se cruzan y brillan, cuando las risas se conectan, cuando una casualidad ocurre, cuando llega el otoño y cuando el invierno se acaba.

Te extraño a ratos, como si fuera una pequeña chispa de ilusión clavada, como si algo me dice que te espere, sin darme garantías de que vas a volver.

Sigo con mi camino, pero no puedo evitarlo, te extraño a ratos, te quiero a ratos, te imagino a ratos.

Te vuelvo a sentir de a ratos o en ocasiones...

Casi siempre.

Te extrañaré cada día
que sea necesario...

*Hasta que **dejes** de doler.*

Aunque ya no estés aquí

Ya sé que siempre me vas a doler, créeme que eso lo llevo muy presente. Estarás en cada noche de insomnio y hasta en mis pesadillas.

Te seguiré pensando cada que consiga cumplir con algún sueño, en cada aventura que me recuerde a ti.

Ya llevo la idea de que no voy a borrarte, no podré sacarte de mi mente porque te quise tanto que un amor así de fuerte e intenso no se borra ni con mil años.

Pero te juro que seguiré.
Seguiré sin ti.

Porque en donde sea que te encuentres ahora, en algún punto de ese pasado deseaste verme así, sonriendo, triunfando y dando lo mejor de mí.

Por eso seguiré.

Aunque ya no estés aquí.

Hace mucho que ya no sonreímos

Y no me refiero a que los dos hayamos perdido la sonrisa, porque probablemente tú estés riendo con alguien más. Pero hace mucho que ya no sonreímos juntos, así, como solía ser antes.

Pensé que iba a olvidarte con cada granito de arena, sin embargo, me di cuenta que es más complicado de lo que imaginaba.

Aún te estancas en mis pensamientos, sigues aquí, en el fondo de mis recuerdos. Donde te asomas por un hueco que jamás cicatrizó, me devuelves a esos días cuando sonreíamos en cada noche, en cada fiesta, en cada evento, en cada antro, en cada tarde, en cada locura, en cada instante. Cuando caminábamos por la ciudad o cuando cometía alguna tontería tan solo por escuchar esa risa tuya que me hacía suspirar.

Incluso extraño verte sonreír justo después de terminar de hacer el amor...

Nos extraño.

Y sé que está de más gritarlo.

Porque por más que el sentimiento siga, no vas a volver.

Y si lo haces, también sé que ya nada será lo mismo. Lo nuestro ya acabó. Y créeme que estoy aprendiendo a vivir sin tu presencia.

Aunque todavía no puedo olvidarte.

Es un proceso largo que tengo que seguir y volver a perseguir mis anhelos.

Pero cuesta,
cuesta el mundo sin ti.

Duelen las heridas sin tu sonrisa...

Me cuesta la vida sin vernos sonreír.

Tal vez no estábamos listos
para estar juntos...

Pero ***fue un placer***
coincidir contigo.

Extrañarte dejó de doler
cuando entendí
que nuestros momentos
son irremplazables.

Y que,
aunque hoy ya no estés,
nadie podrá borrar ese pasado
donde ***alguna vez***

fuimos nosotros.

Ahora que ya no estás

Abrazarte,
besarte,
acariciarte,
escuchar tu voz,
sentir tu pelo,
besar tus labios,
llenarte de abrazos...

Quisiera tenerte una última vez.

Y no, ya no para vivir de discusiones y problemas. Quisiera tenerte como cuando todo era perfecto, cuando los buenos días eran constantes y las sonrisas inolvidables.

Quisiera volver a revivir lo lindo que vivimos, volver a dar esos paseos, las citas románticas y cantar juntos las canciones en el karaoke.

No dudaría en volver a rodar en la cama para comerte a besos y terminar acariciando tu pelo después de entregarnos.

Quisiera buscar una manera para volver a tenerte y decirte al oído lo mucho que me importas, hacerte entender que eres tú y que siempre lo serás. Y no llenarte de dudas que te hicieron marchar.

Quisiera cambiar el pasado, detenerte, demostrarte que el amor que siento es verdadero.

Quisiera tenerte una última vez, para disfrutar lo que nos hizo falta, cumplir con lo que ya no logramos.

Quisiera tenerte una última vez y pedirte que te quedes un poquito más...

Porque esos segundos serían suficientes para dejar de extrañarte en la actualidad.

Ahora que ya no estás.

Busqué tantas maneras
para estar contigo,
hasta que entendí que lo mejor...

Siempre fue ***dejarte*** *partir.*

Solo queda aceptar
que nunca vas a volver.

Pero que voy a tenerte aquí,
en un rinconcito del corazón...

donde no dejarás de doler.

Cuando antes me amabas

Tal vez ya no me recuerdes, porque has pasado cosas mejores con otras personas, en otros sitios, en otros brazos.

Pero desde aquí yo te sigo guardando un gran cariño. Y a veces quiero recordar cuando antes me amabas. Sé que está mal, me torturo con tus recuerdos, pero en ocasiones es inevitable no pensarte, no volver a vivir, aunque solo sea imaginando aquellos momentos cuando sonreíamos sin preocupaciones.

Lo mucho que se disfrutaba, lo ardiente que se volvían las noches cuando estábamos juntos, las misteriosas tardes donde las charlas no paraban, las leyendas, los cuentos, las fantasías, las promesas que no cumplimos.

Y sí, he tenido la oportunidad de olvidarte con más personas, reemplazar los instantes, reparar el corazón, borrar tus besos de mis labios, eliminar tu número del teléfono, darme otra oportunidad. Sin embargo, necesito repararme antes de ir más allá. Antes de lastimar a alguien más. Voy un paso a la vez, tratando de aceptar que hubo una época donde llegamos a ser inmensos y de ese "todo" ya no quedaron ni migajas.

Que ya se acabó y que solo traigo conmigo buenos recuerdos y un rostro que, hasta hoy, no puedo olvidar.

La memoria de un sentimiento que se quedó,
cuando antes me amabas.

Extrañándote a ratos

Yo estoy bien,
pero a veces
tu recuerdo vuelve
y pierdo la cordura.

Rompes con las barreras
y me haces estremecer
de nuevo el corazón.

Sin embargo,
voy avanzando,
pensando menos
y viviendo la realidad.

Así es mejor,
así estamos mejor...

Tú en otros brazos
Y yo aquí,
aceptando tu ausencia,
pero
extrañándote a ratos.

Ojalá algún día
te cruces con mi recuerdo
y te atrevas a decirme ***"te extraño"*** *...*

Cuando te atrevas a gritar "te extraño"

Espero que aún te acuerdes de todas las veces que estuve ahí cuando nadie más estaba.

Ojalá que recuerdes aquellos momentos que pasamos y las noches en vela platicando, cuando calmaba tu sed de amor y limpiaba con mi camisa tus lágrimas.

Anhelo que una tarde cualquiera te llenes de nostalgias y recuerdes lo mucho que llegué a quererte, las palabras, canciones, poemas y relatos que te dedicaba.

Yo te confieso que no dejo de echarte de menos, pero en mi defensa puedo decir que aprendí a soltarte, acepté que lo nuestro se había terminado.

Y ahora lo único que espero es que algún día te gane el arrepentimiento y te atrevas a gritarme ***"te extraño"*** ***...***

Para que sepas que,
ya es demasiado tarde para decirlo.

Los besos que ya no nos dimos

Alguna vez tú y yo estuvimos en la cima del mundo. ¿Y sabes?

Vuelvo a llegar a la misma conclusión...

No fue el tiempo,
no fue la vida,
no fue el destino.

Fuimos nosotros los que no quisimos salvar esa conexión. Fuimos nosotros quienes decidimos echarlo a perder, con nuestras malas decisiones, las palabras cortantes, la falta de comunicación, la confianza que se perdió, los malos ratos, los enojos sin sentido.

Fuimos nosotros quienes decidimos que esto se terminara, porque en lugar de controlarnos en cada pelea, de hablar con calma y terminar arreglando el problema, decidíamos lastimarnos más.

Y así se fue esfumando un amor que jamás encontró su destino.

Y hasta ahora me sigo atormentando, en qué hubiera pasado si el sentimiento superaba los malos momentos.

Qué hubiera pasado si decidíamos continuar. Quizá moríamos en el intento, pero no habríamos quedado así, con un nudo en la garganta, con la pregunta de qué pudo haber pasado...

Nos faltó mucho.

Nuestra historia no se escribió por completo. Nos faltaron millones de abrazos, un sinfín de aventuras, besos que ya no nos dimos, pasiones que no vivimos, amor que no sentimos.

Nos faltó mucho por demostrar.

Me faltó una vida para hacerte entender que sí te quería. Y desde que te fuiste, aquí sigo, extrañándote cada día.

Me duele saber que lo que teníamos se perdió y que:

Los besos que ya no nos dimos,

se quedaron en el olvido.

Sigo confiando en que la vida
aún nos tiene preparado
un último encuentro.

Y solo espero que cuando suceda,
***no** lo arruinemos.*

¡Qué difícil es olvidar(te)!

Olvidarte no es como todos piensan.

Duele al intentarlo
y solo termino
sonriendo con tus recuerdos
en lugar de borrarlos.

Yo no pedí quererte,
ni tampoco quise llevar
este sentimiento muy a fondo.

¡Qué difícil es olvidar(te)!

Nos queríamos tanto

Siempre me pregunto: ¿Qué fue lo que hicimos mal para que lo nuestro haya llegado a su final?

Porque te quería de verdad, incluso te quiero todavía. Y sé que también sentías lo mismo por mí. Nos queríamos tanto. Pero no funcionó.

Porque fuimos un par de cobardes y no quisimos arriesgarnos e intentar dar lo máximo sin importar los miedos. Porque el temor fue mayor.

Quizá el pasado aún nos perseguía o había más personas que no querían que fuéramos felices. Pero te juro que yo hice hasta lo imposible por estar a tu lado, no me quería ir de ti. Sin embargo, los esfuerzos fueron en vano, las estaciones pasaron y fue desapareciendo el rastro de lo que vivimos, de lo que alguna vez construimos.

Y sí, aún guardo el sentimiento, apareces en mis recuerdos, justo cuando estoy por cumplir un propósito o conociendo a alguien más. Te cruzas por mi mente para recordarme lo mucho que te extraño.

Porque nos queríamos tanto y un amor así de intenso no se borra tan fácilmente, te seguiré buscando, te seguiré pensando, te seguiré imaginando...

Hasta que la vida cobre factura o un milagro ocurra ***y logre superarte.***

Nunca supe cómo decirte adiós...

Me quedé sin palabras
el día de tu partida
y una parte de ti se quedó
atrapada aquí conmigo.

Reaparece en cada velada,
en cada insomnio
y en cada parpadeo.

Se quedó como una esperanza
que jamás existió
y un amor que,
desde hace mucho se terminó.

Ojalá y en la próxima vida
sepas elegirme primero...

***antes** que a tus miedos.*

Despedidas que desgarran

Fue una tarde que no pensé
que llegaría,
sus ojitos ya no eran los mismos,
sus palabras ya no llegaban al alma,
su mirada había perdido el brillo
y su sonrisa estaba borrada.

No dijo nada,
me dio un abrazo,
dio media vuelta
y se fue en silencio.

Sin explicaciones,
sin condiciones,
sin retorno.

Nunca volvió...

Fue de esas despedidas
que duelen,
que desgarran
en lo más profundo
del lado izquierdo del pecho.

La última vez que nos vimos

No pasó por mi mente que aquella tarde en que nos vimos sería la última.

Yo iba con deseos de decirte que quería estar contigo, yo quería enseñarte cada uno de los sentimientos que llevaba dentro, el amor que durante los meses en los que convivimos había crecido de una forma tan inmensa.

Yo quería decirte que te quería, que en serio te quería. Que sí, había cometido un par de errores antes al no confesarte lo que sentía, pero aquel día estaba dispuesto a todo...

Sin embargo, fue diferente. Terminamos por decirnos adiós, por dejar en el olvido los momentos que vivimos, nos despedimos.

Sin pensar en si volveríamos a vernos en el futuro, simplemente nos extraviamos con la pregunta de ¿Qué pasaba si al menos lo hubiéramos intentado?

Nos ganó la desconfianza, el pasado, las dudas. Nos ganó el destino. Y nos destruimos.

Dejándome en soledad, guardando una última foto que mis ojos tomaron de tu sonrisa...

La última vez que nos vimos.

Muchas gracias

No terminamos
con un "felices para siempre",
te fuiste antes de lo pensado
y tuve que lidiar con eso.

Estábamos cansados
de tantas decepciones
y estuvo bien.

Porque voy a sanar
y podré decirte que no me arrepiento
de haberte querido tanto,
porque lo nuestro
en su momento fue de lo más lindo.

Gracias por todas las sensaciones
que me causaste
y porque fui muy feliz mientras duró.

Sin rencores cariño...

Muchas gracias.

Tú y yo dejamos
muchas cosas pendientes:

Una charla,
una cita,
muchas risas,
una vida.

Te acordarás de mí...

Tu orgullo preguntará,
querrá saber dónde estoy.

¿Por qué ya no pregunto por ti?

¿Por qué ya no te he llamado?

¿Por qué ya no salgo a las calles
con el único pretexto de volverte a ver?

Y ahí, cuéntale,
que alguna vez fuimos indestructibles,
que pudimos llegar muy lejos...

Pero no quisiste,
no te dejó
y ***jamás*** sucedió.

Lo que nunca llegamos a ser

Después de tanto sigo con este vacío en el pecho, es difícil entender que después de crear tanto, nos quedamos sin nada...

Porque nos queríamos como si no existiera un mañana, no había sentido tanto por alguien más en el pasado y sé que también era especial para ti, lo podía notar en tu mirada.

Íbamos bien, nos gustaba pasear de la mano, desvelarnos con llamadas e ir por los tacos de la esquina los fines de semana.

Íbamos bien, te quería, me querías y nuestros besos eran mágicos, cada uno irremplazable, nuestros cuerpos se entendían y nuestros ojos se correspondían.

Entonces dime, ¿En qué nos equivocamos?

Quizá dimos de más, fue demasiado rápido y la penumbra nos invadió o regresaba por ratos.

Tal vez fueron las palabras que decían otras personas para confundirnos o simplemente no era nuestro momento.

Y duele, duele saber que teniendo ya lo que todos buscan, no lo supimos valorar, duele saber que ahora ya no estás.

Que nos inundó un océano de problemas, discusiones y enojos que nos hicieron perder la confianza, escapar del romanticismo, hasta la motivación para querer continuar.

Duele saber que yo pensaba que iba a estar a tu lado y no así, recordando en las noches y culpando al destino...

Por lo que nunca llegamos a ser.

Te quería, me querías...

El sentimiento seguía intacto,
pero nuestro tiempo
ya había pasado
*y solo **quedaba** aceptarlo.*

¿Por qué seguimos así?

Solo tú y yo sabemos cuánto nos extrañamos.

Cuando en las noches despertamos a media madrugada mirando el teléfono por si alguien ha perdido el orgullo y se decidió en enviar tan siquiera un mensaje de texto.

Lo mucho que nos necesitamos.

Cuando vamos por la calle y no tenemos a quien tomar de la mano, en las noches frías cuando ya nadie nos abraza, en las tardes de películas cuando nadie se recuesta a nuestro lado hablando tonterías y dejando pasar la cinta para después comernos a besos.

Y no, no entiendo.

¿Por qué seguimos así?

Sin hacer nada...

Si ambos sabemos la falta que nos hacemos.

Los recuerdos que me dejaste

Solíamos caminar por la ciudad como dos completos locos muriendo de risas. Me contabas aventuras que me hacían volar la imaginación, yo te contaba mis proyectos, el futuro que buscaba a tu lado y tú escuchabas con atención cada palabra. La noche se asomaba y no parábamos de ver las estrellas, bailando bajo la luna sin parar, pedíamos deseos sin cesar.

Deseos que no se cumplieron, deseos que se volvieron en simples recuerdos.

Los recuerdos que me dejaste.

El día en que te conocí, la vez que descubrí tu piel por primera vez o aquel tonto momento cuando nos miramos y sonreímos como dos niños enamorados.

La vez en que te robé el primer beso, cuando sentí la primera caricia, el primer "te amo", experimentar los intensos latidos y escuchar los primeros gemidos.

La primera cena de noche buena y nuestra primera Navidad. Los paseos por los campos de flores y las tardes de correr entre la lluvia.

Me dejaste con recuerdos que no he podido borrar, los largos textos, las llamadas interminables, los videojuegos, las noches en vela y los instantes cuando me sentí realmente en paz.

Desde que te fuiste algo cambió dentro de mí. Porque no te marchaste, estuviste presente en cada parpadeo, en cada movimiento que hacía, en cada segundo, en cada pensamiento y cada vez que intentaba borrarte.

No te olvidé, te quedaste...

en cada uno de los recuerdos que me dejaste.

Yo ya no insistí
y tú ya no volviste.

Y así, de a poco
se fue ***borrando*** *una historia*
que juramos sería eterna.

Lejos estamos mejor

Me alejé de ti
porque ya no era necesario
seguir manchando
con heridas lo nuestro.

Porque creo en los reencuentros
y si eres tú, si es contigo,
entonces la vida me lo va a
demostrar en el futuro.

Pero por ahora...

Lejos estamos mejor.

Fue un placer quererte tanto

La vida no nos quiso juntos y me sigo atormentando por saber la razón.

Yo te quería, te quería tanto que imaginaba un futuro a tu lado, te quería para que fueras parte de mis sueños, para que juntos bailáramos cada noche en la sala de nuestra casita la canción favorita que ambos nos dedicamos. Te quería para envejecer en las sillas de nuestro patio.

Quizá no estábamos destinados, no era nuestro mundo y debíamos encontrarnos más adelante o llegamos demasiado tarde, no lo sé.

Pero fue un placer conocerte.

Fue un placer quererte tanto.

Llenarte de besos y caricias, fue un placer hacerte el amor en cada segundo, con cada mirada y en cada caricia.

Fue un placer sonreír aquella tarde cuando te conocí, volver a experimentar el sentimiento, esa sensación de cosquilleo en el estómago.

Fue un placer descubrir que nuestras manos coincidían en nuestra primera cita, robarte un beso y llenarte de abrazos.

Fue un placer acompañarte hasta la puerta de tu casa mientras las gotas de lluvia caían. Fue un placer mostrarte cada penumbra que llevaba dentro, las metas que a tu lado buscaba cumplir.
Fue un placer revelarte mis secretos, contarte mi pasado, conocerte a fondo y decirte una y otra vez lo mucho que te amo.

Porque sí, amarte también fue un placer.

Que, aunque después dolió, no me arrepiento, porque me hiciste sentir lo que nunca imaginé. Me devolviste a la vida para después quitármela con tu partida.

Y no, no me retracto.

Te fuiste y con el tiempo lo aceptaré.
Aprenderé a vivir sin ti.

Pero nada quita que hoy en día pueda decirte que quererte tanto, fue el mayor placer que pudiera existir.

Fue un placer quererte tanto.

Lo intenté
y no me arrepiento.

Ahora sabes que alguien
te quiso con el alma
y que algún día vas a extrañar.

Ambos perdimos...

Dejamos ir un amor
que tú no vas a encontrar
en ningún otro sitio
y que yo no volveré
a entregar en esta vida.

Las lágrimas que te dediqué

No fue fácil despedirme de ti, te dediqué muchas lágrimas antes de dejarte partir. Antes de aceptar que ya te habías ido, que ya lo nuestro había terminado. Fueron muchas noches de insomnio y días de llanto hasta que logré comprenderlo.

Vivimos una etapa bonita, donde me quisiste y te quise, donde ambos nos quisimos. Una etapa donde solíamos caminar kilómetros hablando de todo, mandarnos mensajes a cada segundo, hablar por teléfono cada madrugada y platicar de nuestras aventuras.

Hubo un tiempo donde nos teníamos. Y eso era lo que dolía, el saber que después de sentir tanto terminamos siendo nada. Por eso fue difícil desprenderme.

Pero creo que las cosas pasan por algo, tenemos un destino, un mejor camino y lo que dolió en ese entonces fue porque así tenía que suceder, porque me tenías que lastimar para que yo aprendiera a soltar.

Tenía que entender que no todas las personas van a quererme para siempre, que yo también puedo olvidar, puedo continuar, puedo seguir con mi vida y puedo volverme a enamorar.

Sí, yo también puedo volver a sonreír y darme cuenta que ***las lágrimas que te dediqué no fueron en vano...***

Estaba aprendiendo a olvidarte.

Estaba aprendiendo a sobrevivir con tu ausencia.

Preparándome,
para lo que realmente será para mí...

Donde ya nada dolerá

y nadie más me podrá lastimar.

No hay nada más triste
que dos personas que
se quieren con el alma
y ***no*** *pueden estar juntas.*

Con más cariño y menos dolor

Existen heridas que no sanan
y personas que nunca se olvidan.

Dicen que el tiempo lo cura todo,
pero a veces no es así.

El sentimiento se mantiene,
los recuerdos permanecen,
la herida sigue abierta
y la cicatriz no desaparece.

Nada cambia.
Solo se aprende a vivir así,
con una ausencia,
recordando
con más cariño que con dolor...

Que alguna vez estuvieron aquí.

El amor de mis otras vidas

Nada ni nadie podrá reemplazar o cambiar esto que siento por ti. Porque lejos o a mi lado, siempre serás ese pretexto por el cual me arriesgué a lo que fuera.

Ese sacrificio de dejar lo cosechado por volver a vivir una tarde de aquella vida que se quedó pendiente. Eres la aspiración más profunda, la meta más larga, el planeta donde quise orbitar.

La madre de unos hijos que no nacieron, que me susurran al oído lo eterno que pudimos ser. La canción que cada noche deseaba escuchar, la estrella que hasta hoy no he dejado de observar.

Tenías el cuerpo que buscaba acariciar, los labios que no quería dejar de besar, las manos que debía sostener en cada calle, en cada esquina.

Eras mi futura compañera de viajes, de ambiciones, de observaciones de galaxias y nebulosas, de metas que solo contigo buscaba cumplir.

El amor que en esta vida no se quiso quedar, la persona que se llevó cada parte de mí y dejó en peligro de extinción el afán para seguir.

El amor que no me correspondía, pero que también demostró que me quería, que muy en el fondo también lo hacía.

El amor al que le bastó un simple error para marcharse, un amor que el destino interrumpió, que no floreció y la suerte rechazó...

El amor de mis otras vidas.

Si realmente están destinados,
entonces fue la vida
quien los alejó para que
***aprendan** a curarse*
y después volver a coincidir.

Ya es necesario olvidarte

Te he buscado en aquellos lugares
donde solíamos caminar.

En cada cafetería que visitamos,
en melodías,
fotos,
poemas...

Y ya no estás.

No quiero soltarte,
pero la vida me insiste
en que ***ya es necesario olvidarte.***

Cuando nos queríamos tanto

¿Cómo le explico al corazón que después de querernos tanto lo mandamos al olvido?

Dicen que cada quien tiene un destino escrito, que te fuiste por algún motivo, pero no tienes idea de lo mucho que quería que fueras tú, la persona con la que compartiría el resto de mi vida.

Después de este lapso donde ya no fuimos nosotros, sigo recordando lo vivido. Lo increíble que era la conexión que poseíamos.

Cuando nos queríamos tanto, en esas tardes de infinitas caminatas recorriendo cada puestecito del tianguis y acariciando perritos por la calle para después terminar saboreando tu helado favorito.

Cuando nos queríamos tanto, en esas noches de cine con películas románticas o de vez en cuando alguna de terror que te hacía morir de miedo y terminar envuelta entre las cobijas, abrazándome mientras yo te relataba mis mejores historias para hacerte olvidar el espanto.

Cuando nos queríamos tanto, en esos desayunos, comidas y cenas que compartimos juntos, mientras nos contábamos cuentos y reíamos sin parar.

Cuando nos queríamos tanto, al hacer el amor y escucharte gemir mientras cerrabas los ojos, sabía que sentías mi cuerpo, pero también acariciabas mi alma.

Cuando nos queríamos tanto, en esas aventuras, paseos y locuras que nos tocaron compartir, conocer nuevos pueblos, salir de vacaciones, los viajes que ya no logramos cumplir, las playas que ya no llegamos a pisar para correr entre la arena y admirar el inmenso mar.

Nos hizo falta mucho por alcanzar, deseos y metas que juntos prometimos realizar.

¿Cómo le explico al corazón que ya somos olvido?

Que te fuiste hace mucho y que solo se quedaron los deseos de amar, un vacío, una tristeza y una ruptura que necesito sanar.

Ahora solo me quedan fotos y recuerdos que no he podido borrar, de lo irremplazables que llegamos a ser...

Cuando nos queríamos tanto.

Todavía te quiero,
pero doliste lo suficiente
para entender que contigo...

No es.

Fuimos los dos

Dime que la culpa no fue de nadie,
que no fui yo quien falló,
que no fuiste tú quien mintió.

O fuimos los dos,
al intentar querernos
cuando no era nuestro tiempo.

Nos hizo falta regarnos
y no dejarnos marchitar.

En otra vida seremos felices

Nos veíamos tan felices, sonreíamos a diario y pasábamos momentos increíbles...

Pero de pronto nos perdimos, tus manos dejaron de encajar con las mías, nuestros ojos ya no se correspondían, nuestros cuerpos ya no se reconocían.

Pasó tan rápido que no me di cuenta cuando ya te había perdido.

Y te fuiste, tomando otro camino muy distinto al mío.

Conociste a alguien más que superó lo que yo te había dado antes o simplemente buscaste otro destino, lejos de alguien que lo único que buscaba era cumplir con sus sueños para poder estar contigo.

No quedó opción que despedirme de lo que habías traído, el cielo se tornó gris y seguí mi camino así, lejos de ti.

Pero con un destello de ilusión clavado en el pecho, una pequeña gota de esperanza por saber si volveríamos a encontrarnos en el futuro.

Me quedé con eso, con tus buenos recuerdos, con lo bueno que me diste, con las caricias y los besos que en su momento fueron sinceros, me quedé con una buena imagen de lo que fuimos.

Despedí lo malo y me dediqué a continuar con mi vida, imaginando cada día que nos quedamos con algo estancado, algo que no vio su final y que, a pesar del tiempo sigue ahí.

Un amor pendiente, un café que no tomamos, una carta que no leíste, un futuro que no alcanzamos.

Y esa certidumbre guardada de saber que en otra vida...

Seremos afortunados

y felices al estar juntos.

No sabías lo que querías
y yo contigo lo quería todo.

Fue por eso que
***jamás** funcionamos.*

Nunca te olvidé

Nunca te olvidé.
Pero si me alejé
fue porque me di cuenta
que no era importante para ti.

Que no era necesaria mi presencia,
que no me necesitabas
y que no sentías nada por mí.

Pero si te lo preguntas...

No te olvidé.

Te quiero todavía,
sin embargo,
eso no significa
que quiera volver a tu vida.

Momentos que ya no vivimos

Es fácil decir que no te extraño, que la vida ha pasado y que el reloj me está ayudando...

Pero el proceso también duele.

Porque he llegado a pensar que en donde quiera que estás también me extrañas.

Y nace un pequeño brote de ilusión, de la que me aferro para no borrarte. Puede que nunca haya sido así, pero no podrás negarme que después de que terminó, también te imaginaste los momentos que ya no vivimos.

Pasaron por tu mente muchas fotos que no nos tomamos, lugares que no visitamos, sitios donde no reímos y muchas noches donde ya no hicimos el amor. Fantasías que ya no cumplimos, promesas que decidimos romper para que cada quien tomara su rumbo.

Quiero confiar en que, también pensaste en los besos que ya no nos dimos, en las sonrisas y locuras que perdimos, en un futuro que se quedó en el olvido.

Y después de tantos años, cuando los dos estemos cumpliendo nuestros propósitos, nos volveremos a recordar, nos dibujaremos al lado del otro y cumpliremos con esa promesa de estar ahí, en cada capítulo importante de nuestras vidas.

Así, lejos el uno del otro, en un planeta donde ya no coincidimos...

En un momento que ya no vivimos.

Solo espero que el destino
no nos haya olvidado.

Que se acuerde de nosotros
y de esa historia
que ***no*** *escribió*
sus últimos capítulos.

Fuiste muy importante en mi vida...

Y no te voy a olvidar de a golpe,
me costará bastante
asimilar que ya no estás.

Incluso sé que no lo voy a entender.

Pero me cansaré de pedirle a la vida
que te regrese conmigo
y aunque me duela en el alma,
tendré que aceptar que aquí,
en esta vida...

Ya no seremos nosotros.

Jamás seremos felices en otras manos

Mi cuerpo pide a gritos sentir tu piel, mis manos tiemblan al ya no sostenerte, mis ojos han perdido el brillo y mis labios se parten por la falta de tus besos.

Desde que te fuiste mi estabilidad cambió, yo pensaba que serías una lección para madurar, un recuerdo nada más, pero no.

Te quedaste, te tatuaste en cada poro, en cada rincón del corazón.

Se quedaron los grandes momentos y desde entonces siguen pasando por mi mente esas caminatas hasta tarde, los besos tan apasionados, las pláticas hasta desvelarnos, las risas hasta caer rendidos.

Se quedaron tus caricias, tus palabras bonitas, tus cartas y cada mensaje que mandabas, pues nunca me atreví a borrarlas.

He temido eliminar nuestro chat, bloquear tu número, porque sigo esperando una última llamada. No sé cuándo, cómo o dónde lo harás, pero si incluso pasaran un par de años, yo respondería...

Todavía.

Ya ha pasado mucho desde que decidiste marchar, sin embargo, puedo asegurar que no seremos felices en otras manos.

En donde quiera que te encuentres seguro has pensado en mí, en la sinceridad que jamás creíste, en las acciones que no viste, en todo lo bueno que hice por ti y no valoraste.

Quizá estés pensando en que pudimos ser lo que todos anhelan y no estar así, lejos el uno del otro, tocando otros cuerpos, besando otros labios...

Cuando por dentro
morimos
y suplicamos
por estar juntos de nuevo.

Puede que volvamos a coincidir
y darnos cuenta que,
a pesar del tiempo...

***Nunca** nos dejamos de sentir.*

Incluso más que a mi vida

Aún te extraño,
pero ya no quiero molestar
con mis palabras,
con mensajes
que no vas a responder.

Sé que no van a funcionar,
porque te empeñaste en huir,
en ya no volver...

Y lo hiciste cuando ya te quería
como jamás había querido antes.

Cuando ya lo hacía
pensando en que seríamos eternos.

Cuando te amaba,
incluso más que a mi vida.

Días en los que te extraño

Hay días en los que te extraño más de la cuenta, cuando te imagino de nuevo a mi lado bailando nuestra canción favorita.

Días donde no dejo de pensar porqué te marchaste, si nos veíamos tan felices.

La desconfianza ganó la batalla o el amor que decíamos sentir se fue esfumando entre los abismos de un olvido.

Hay días en los que recuerdo tu mirada al despertar, llego a la mesa para el desayuno, pero tú no estás.

Hay días en los que miro el atardecer y abrazo a mi sombra para imaginar que a mi lado te encuentras.

Y también hay veladas con la luna de testigo, en las que el insomnio me gana y solo queda mirar a solas las series que te hacían llorar.

Hay días de lluvia en los que tomar el café ya no es igual, me hace falta tu presencia.

Días de sol donde los paseos ya no se disfrutan con la misma intensidad.

Hay días en los que te extraño...

Días que recuerdan el suceso,
pero no encuentran un final.

Hoy quiero una tregua

Ya no quiero luchar
contra tus recuerdos,
hoy quiero una tregua
por al menos esta noche.

Voy a extrañarte,
porque eso de olvidarte
no me está funcionando.

Quiero escucharte en pistas,
imaginarte en memorias,
recordar tus susurros,
sentir el fantasma de tu amor
y respirar tu perfume.

Brindaré por los buenos momentos,
por aquello que dejamos pendiente...

y lo que jamás pudimos ser.

Sí, nos quisimos...

*Pero faltaron **más** ganas*
*y **menos** dudas*
para que funcionara.

Moría de las ganas por pedirte
que te quedaras,
pero algo estaba haciendo mal
si yo lo pedía,
eras tú quien debía quedarse...

Pero no.

Nunca sucedió.

Sé que me amas(te)

No sé dónde te encuentres ahora, no sé qué otro cuerpo te esté abrazando o qué labios estás besando. No sé qué piel te está tocando o qué manos vas tomando mientras paseas por la avenida. No sé si sigas viviendo la vida en soltería o se te cruzó algún compromiso.

Porque desde que te fuiste ya no volví a saber de ti, perdí tu rastro cuando decidiste bloquearme de todos lados. Y lo entiendo, los dos nos lastimamos, nos hicimos daño y cada quien decidió seguir con su camino.

Y, a decir verdad, aún traigo atorado eso que fuimos, el amor que por ti sentía no se escapó del corazón. Sigue ahí, en un pequeño rincón que a veces regresa y me tortura, haciéndome recordar lo mucho que tú y yo nos quisimos.

Y es que sí...

Sé que me amas(te).

Aunque en otro sitio digas que no, aunque intentes mirar otros ojos, no alcanzarán el mismo brillo que lograron reflejar cuando me observaron.

No encontrarás en ningún otro sitio la magia que nos hacía conectar, las palabras que te hacían sentir mejor, los mensajes de cada noche y los buenos días al amanecer.

Hoy juras decir que eres feliz en otro sitio, pero cariño, ambos sabemos que me amas(te).

Y que, muy en el fondo también llevas ese sentimiento de arrepentimiento, de melancolía, de recuerdos atorados que esperas por vivir, esa esperanza de poder detener el tiempo y correr a buscarme, de un día cualquiera cuando menos lo esperes...

Volvernos a ver.

Fuimos tanto y a la vez nada.

Es lo triste de nuestra historia,
estuvo en nosotros ser eternos
y al final solo ***nos dejamos ir.***

Ya hubieses llegado

No tienes idea de cuánto
me costó dejar de buscarte.

Fueron muchas noches de insomnio
y días interminables
donde me atormentaba pensando
en lo que ya no logramos.

Y aun cuando regresa
la voluntad,
ese apetito de volver a salir
corriendo por ti,
siempre me detengo
y recuerdo que,
si en verdad hubieras sentido
algo por mí,
ya hubieses llegado,
antes, mucho antes...

De correr tras de ti.

Como si nunca te hubieras ido

Hay amaneceres en los que despierto lleno de nostalgia y otras rompiéndome la cabeza una y otra vez tratando de entender ¿por qué dejamos de ser nosotros?

Hay días en los que imagino que despiertas a mi lado y estás del otro lado de la cama, mientras observo tu mirada y el brillo que emanaban tus ojitos cafés bajo los rayos que pasaban por la ventana.

Hay mañanas donde me preparo el desayuno y sirvo dos vasos de jugo, simplemente para ocupar el lugar donde solías estar en la mesa.

Hay tardes donde voy a caminar por los parques, en los pastizales, alrededor de los grandes árboles, así, donde antes solíamos pasear y descubrir nuevas especies.

Hay puestas de sol que suelo contemplar y cerrar los ojos para pensar que estás, cantando una canción o contándome alguna aventura.

Hay noches en vela tratando de recordar cuál fue el error... ¿Por qué simplemente decidimos irnos?

Y no sé, no llego a ninguna conclusión y termino así, extrañándote otra vez.

Pero el orgullo me detiene cuando intento volver a saber de ti.

O es el miedo quien me dice que estás con alguien más.

Y entonces mi optimismo me hace pensar que posiblemente estés igual, en medio de tanto orgullo. Pero pensando, imaginando, creyendo...

Como si nunca te hubieras ido.

Yo te sigo llevando aquí,
en cada pendiente
y en cada atardecer.

Porque jamás te olvidé,
solo ***aprendí*** *a vivir sin ti.*

Por lo que fuimos o intentamos ser

Los amigos también
preguntan por ti.

Y yo,
simplemente agacho la mirada,
prefiero evitarlo.

Porque recordarte
es como recibir una bala
directo al corazón.

El pecho llora
y mi alma se desangra.

Aún sigues vagando
en mi interior.

Por lo que fuimos
o intentamos ser...

Lo que hoy ya no existe,
pero que nunca olvidé.

Una vida sin tus besos

Voy por cada rumbo imaginando los besos que ya no nos dimos. Las ganas que ya no saciamos y la pasión que ya no desbordamos.

Voy así, justo como cuando te fuiste, buscando una salida en el laberinto de mi vida sin hallar todavía un camino de donde seguir.

Es una vida sin tus besos, sin tus caricias, sin tus palabras de aliento y el amor que decías sentir.
Es una vida al que debo de acostumbrarme sin ti. Sin tenerte, sin tocarte, sin verte...

Solamente me conformaré con imaginarte.

Serás mi motor para salir de esta ruina, cada palabra que me creía de tus labios será de gran ayuda para tener las agallas de encontrar a una persona verdadera.

Voy a creer en tus promesas falsas para no rendirme, saborear el recuerdo de tus besos en cada noche de insomnio para poder conciliar el sueño.

Seguiré adelante sin importar cuánto duela o cuánto llegue a extrañarte.

Sé que en el fondo merezco vivir una buena vida, con una deuda pendiente al dejarme sin tu presencia, pero con una ilusión de saber que alguien mejor llegará para reemplazar el calor de tus labios y volver a respirar.

Así voy, cada día al despertar, en el trabajo, con los amigos, por las calles, en los viajes, en las salidas y nuevas aventuras donde ya no estás...

Soportando una vida
sin tus besos.

Hay días en los que te extraño
y otros donde
solo acepto la realidad
y quiero recordarte.

Hoy, es un día de ***ambos.***

Mi poesía favorita

Siempre serás mi recuerdo
más bonito,
ese nudo en la garganta
cuando alguien
mencione tu nombre.

Ese frío que congele mi cuerpo
cuando escuche tu voz,
el motivo de mis desvelos
y mi máxima utopía.

Mi cielo y la ilusión
de cada una de mis travesías.

Porque contigo o sin ti,
siempre serás ***mi poesía favorita.***

Extraño besar tu espalda

No tienes idea de lo mucho que echo de menos verte despertar a mi lado. Recuerdo que te tuve y después te perdí. Me da por acordarme de los buenos ratos, pero de inmediato se me cruzan también los malos momentos y vuelvo a caer. Sin embargo, después de lo malo, aún me quedo a extrañar los besos que te daba en la espalda, justo después de entregarnos.

Porque sí, extraño besar tu espalda. Recorrer tu piel mientras te susurraba al oído lo mucho que te amaba y que aún lo sigo haciendo.

Extraño besar tu espalda. Para después terminar hablando de cualquier tontería y sonreír como dos completos locos.

Extraño besar tu espalda. Descubrir nuevos lunares para después unirlos hasta escribir mi nombre.

Extraño besar tu espalda. Cantarte hasta quedarte dormida, abrazarte y que mi brazo se convierta en tu almohada favorita.

Extraño besar tu espalda. La pizza y palomitas que devorábamos al ver nuestras series favoritas.

No tienes idea de lo mucho que extraño ***besar tu espalda... Besarte la vida.***

Que se me fue desde el día de tu partida.

Aquí, conmigo

"Tal vez en otra vida
vuelva a buscarte"

Le dije mientras
se marchaba.

Cuando por dentro
quería perder el orgullo
y pedirle
que se quedara,
aquí:

En este mundo,
en esta vida...

Conmigo.

Llevábamos una conexión increíble
desde el primer día,
pero nos apresuramos tanto
que terminamos por ***arruinarlo.***

Merecemos ser felices

Me quedo con lo que
alguna vez transmitimos.

Con los detalles,
las palabras bonitas
y las sonrisas que juntos pegamos.

Me quedo con lo bueno
y no con lo malo que cosechamos.

Pero,
aunque ya no estés conmigo
y las cosas no hayan terminado
como hubiéramos querido...

Siempre voy a pedir por ti
y a desearte lo mejor.

En el fondo lo mereces,
merecemos ser felices.

Sonrisas que nunca olvidaré

Hay sonrisas que no van a perderse, que no se borrarán de mi mente.

Sonrisas que pegamos años después al reencontrarnos por las calles.

Sonrisas que tras una pantalla regalamos a nuestras fotos, a mensajes que no enviamos.

Hay sonrisas que nunca olvidaré, miradas que no contemplé y caricias que no recibimos.

Hay besos que no nos dimos y promesas que ya no cumplimos.

Hay tanto pendiente y tan poco vivido, que a veces pienso que no era el momento.

O simplemente nos hizo falta más valentía y ser menos cobardes. Gritarnos lo mucho que nos queríamos y arriesgarnos a todo sin importar lo que pasara después.

Nos hizo falta más valor para estar juntos y no acabar así...

Extrañando sonrisas

que no se borrarán tan fácilmente.

Volveremos a ser nosotros

Y si el destino,
las coincidencias,
la poesía
o la vida así lo quiere...

Créeme,
nos volveremos a encontrar.

Sin importar cuándo,
cómo o dónde,
pero volveremos a ser tú y yo.

Volveremos a ser nosotros.

Ambos sabemos que ya se terminó,
pero a veces nos volvemos a extrañar
y por un instante...

Soñamos con ***volvernos*** *a encontrar.*

Ya lo entendí...

La vida sigue,
El mundo no se detiene
y los días van a transcurrir.

Las hojas de los árboles volverán a nacer.
Las rosas van a florecer,
el invierno volverá y nada cambiará.

Tendré que seguir,
a pesar de estar ***sin ti.***

Hoy me despido de ti

Pudimos ser infinitos, caminar de la mano hasta envejecer, perdonarnos los problemas y seguir luchando por conseguir lo que alguna vez fuimos.

Pudimos regresar a lo nuestro, volver a esas tardes cuando lo único que importaba era reír mientras nos comíamos a besos.

Teníamos el camino libre para dejar atrás los malos momentos e inventar nuevos instantes y hacerlos únicos, inolvidables.

Estaba dispuesto a volver a arriesgarme por ti, porque te quería y porque quería que todas esas promesas que nos hicimos no se quedaran como solo eso, como simples palabras.

Quería volver a esa rutina donde por el día trabajábamos o asistíamos al colegio para después pasar el resto de las horas suspendido entre tus abrazos, en medio de una puesta de sol.

Quería volver a esos fines de semana de cine y paseo por las plazas, a las cenas románticas y salidas con los amigos.

Quería volver a recuperar la confianza que nos hacía ser uno mismo, la sinceridad que nos mantenía tranquilos, la paciencia que nos hacía tenernos y el respeto que nos mantenía con vida.

Quería volver a ser feliz a tu lado.

Pero no, ya nos habíamos hecho daño, nos habíamos lastimado, nos habíamos mentido y nos habíamos fallado.

Ya nos habíamos soltado.

Y por más que intentaba recuperarte ya no estabas, ya nada sería como antes, necesitábamos un intervalo para curarnos, para sanar las heridas y pensar si en un futuro volveríamos a ser nosotros.

Era necesaria una pausa, días para reencontrarnos.

Primero con nosotros mismos y después ir despacio, dejarlo en manos de la vida, para ver si después la suerte nos juntaría.

Hoy me despido de ti, con más lágrimas que ganas, pero con una corazonada tatuada en el destino, para un nuevo reencuentro y un mejor comienzo.

Si están destinados,
volverán a encontrarse.

Con más heridas
y menos tiempo,
pero sin tantos miedos
y listos para ***volver a intentarlo.***

Que la vida me salve de otros amores.

Y que el destino se encargue
de no perderme en otros besos
y miradas mágicas.

Que mientras la ilusión siga intacta,
yo no dejaré de esperarte…

Eternamente

Nosotros.

AGRADECIMIENTOS

A mis padres siempre, por el apoyo brindado y porque jamás abandonaron mis sueños.
A Fátima Salinas mi compañera de vida, por motivarme en mis proyectos y alentarme para nunca rendirme.
A mis amigos y amigas que me acompañaron en el camino de la vida, por todo lo que me enseñaron y transmitieron.
A mi mejor amigo de cuatro patas que se encuentra en un mejor mundo, por demostrarme la lealtad hasta en su último suspiro.
Y a ti, querido lector, que sin tu apoyo nada de esto sería posible, gracias por estar siempre.

Gracias por tanto.

OTROS TÍTULOS DEL AUTOR QUE TE GUSTARÁN:

12 MANERAS DE AMAR(TE)

"Amar, en su máxima expresión, de todas las formas y maneras en las que tu recuerdo me revive. No suelo preguntarle al mundo lo mucho que me cuestas, pero salgo en busca del amor en cada pendiente, en cada instante, en cada estación".

En la vida siempre logras cruzarte con varios tipos de amores, 12 son suficientes para conocer cada etapa de la vida y cumplir con el destino. Los recuerdos se encuentran perdidos en el olvido y la incondicional espera para volver a ser recordada.

¡Vivamos la aventura!

ELLA, CON ENCANTOS DE SIRENA

"Ella, con encantos de Sirena" es un portal hacia la superación, recordando lo pasado, el presente y lo que está por venir, vas a adentrarte en la vida de Sirena, la Incondicional está al descubierto.

Tan misteriosa, como aquel regalo que con tantas ansias quieres abrir para ver su contenido, conocerás sus debilidades y cada una de sus perfectas imperfecciones. Tan soñadora, como esos deseos que parecen imposibles, cuando el amor volvió a tocar su puerta, los días en los que se sintió amada y cuando aquellas mariposas en el estómago revivieron. Tan encantadora, saliendo de las ruinas y amándose como ninguna, superando todas las decepciones que llegaron después del fracaso. Tan inolvidable, como esos libros que no te cansas de leer, que cuando te sientes triste y sin ánimos, lo vuelves a tomar para revivir el amor propio que debes llevar siempre. Vas a sumergirte entre sus lágrimas, luchando contra el dolor, el difícil proceso del olvido, hasta llegar a sentirte entre sus brazos, sintiendo su alma y sin darte cuenta, estar en el mar de los cielos, nadando a su lado... Entre sirenas.

Continuemos el sueño, porque los viajes por el espacio y el tiempo, apenas comienzan. ¿Te atreves a vivirlo?

SANANDO HERIDAS: MIENTRAS ROMPO EN LLANTO

Todo el mundo dice que es fácil olvidar, que es tan sencillo soltar, pero se equivocan, porque cuando se quiere de verdad decir adiós cuesta bastante.
Siempre que se intenta se vuelve a lo mismo, "recordar lo felices que alguna vez fuimos".
Sientes que la vida se acaba, que te has quedado siendo solo un esqueleto que deambula por las calles lleno de heridas.
"Sanando Heridas Mientras Rompo en Llanto" es un libro para todo aquel que se encuentra en el proceso, después de recibir una despedida o experimentar las decepciones.
Vas a adentrarte en el mundo de la resiliencia, encontrarte contigo mismo, con un toque nostálgico que de a poco te irá sanando, pero también te estará rompiendo en llanto.

Un libro sin géneros, libre de desnudar cada página para hacerte sentir cada vez menos roto, con cada verso ir buscando el respiro y encontrar las puertas de aquel laberinto del que no puedes salir.

¿Te arriesgas a vivirlo?

SANANDO HERIDAS:
MIENTRAS DESPIDO TUS RECUERDOS

La vida está llena de heridas, de esas que te hacen romper en llanto para después forjarte en una nueva persona. Quizá el proceso no es sencillo, pero cada día es un nuevo comienzo para despedirse de las penas y dejar atrás esa esperanza. Porque, a decir verdad, uno espera algo que ya no volverá.

“Sanando Heridas: Mientras Despido tus Recuerdos” es el siguiente paso, después de pasar noches en vela y derramar mil lágrimas, también es necesario soltar y decir adiós para empezar de nuevo. Despedirse de los recuerdos es complicado, pero necesario para poder seguir con tu vida.

¿Te arriesgas a vivirlo?

Jairo Guerrero

SANANDO HERIDAS

Mientras Despido tus Recuerdos

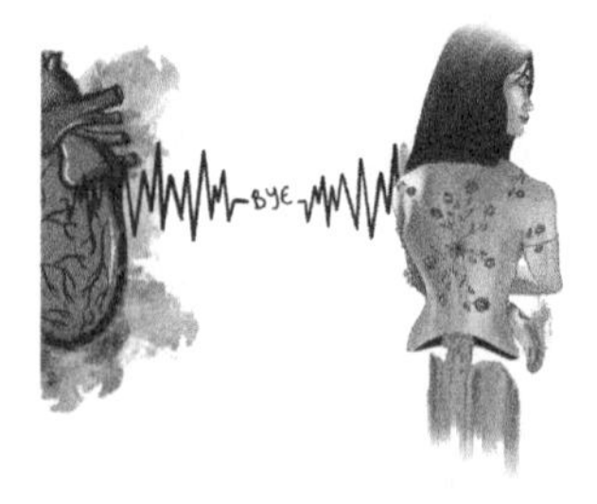

SANANDO HERIDAS:
LLANTOS Y DESPEDIDAS

"SANANDO HERIDAS: Llantos y Despedidas" es una recopilación de los dos libros del autor: "SANANDO HERIDAS: Mientras Rompo en Llanto" y "SANANDO HERIDAS: Mientras Despido tus Recuerdos".

Un libro único para todo aquel que busca sanar el corazón. Un poemario sin géneros, libre de desnudar cada página para hacerte sentir cada vez menos roto, entre llantos, nostalgia y despedidas.

Una edición especial para conmemorar los mejores textos de Jairo Guerrero reunidos en un solo lugar...

¿Te arriesgas a vivirlo?

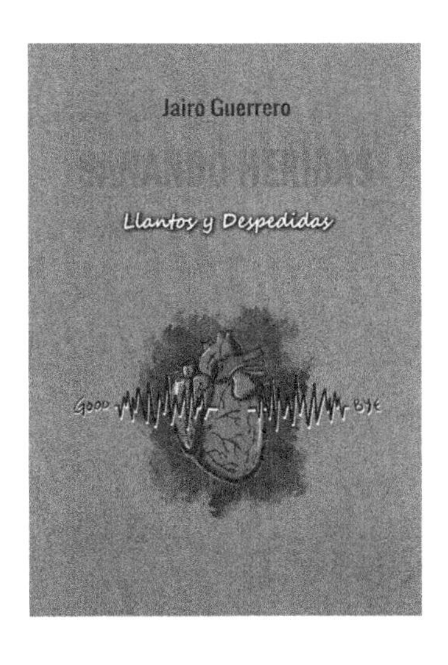

POR TI, A TRAVÉS DEL TIEMPO: LOS PRIMEROS VIAJES

Qué pasaría si te dijera que tienes 64 años, con una enfermedad terminal y que jamás conociste al amor de tu vida. Que tus últimos sentimientos fueron con esa persona en la que estás pensando ahora. Y que, antes de morir tienes la oportunidad de viajar en el tiempo para recuperarla o tan solo para volver a vivir aquellos momentos.

Esta es la historia de Jio Clepper Halley, un anciano con apariencia en un adolescente, que pretende regresar a su pasado en busca de su amada Sirena. Es el inicio de los viajes en el tiempo, de los mundos paralelos y de un destino que busca ser cambiado.

¿Qué pierdes con intentarlo?
La vida o la estabilidad del tiempo.
El espacio o todo lo que se conoce hasta ahora.

La historia ya comienza...

¿Me acompañas a vivirlo?

BIOGRAFÍA DEL AUTOR:

Jairo Rogelio Carrera Guerrero
(Huautla de Jiménez, Oaxaca, México. Agosto de 1996)
Ingeniero en Mecatrónica, autor de los libros: "12 Maneras de Amar(te)" (Alcorce Ediciones 2020), "Ella, con encantos de Sirena" (Shikoba Ediciones 2021), "SANANDO HERIDAS: Mientras Rompo en Llanto" (2021), "SANANDO HERIDAS: Mientras Despido tus Recuerdos" (2022) estos dos últimos libros conforman la edición especial: "SANANDO HERIDAS: Llantos y Despedidas" (2022).
Su primera novela: "Por ti a través del tiempo: Los primeros viajes" (2022). Y su más reciente título: "Eternamente Nosotros" publicado en 2023.
Coautor de: "Xodó" (2023) & "Tierra de Latidos: Antología de nueva poesía Latinoamericana" (Alcorce Ediciones 2021).
Codirector del proyecto literario: "Poesía por el Planeta".
Sus textos siguen recorriendo el mundo generando un gran impacto a través de redes sociales mientras sigue trabajando en sus próximos proyectos.
Es autor independiente, sin embargo, sus libros también han sido publicados por editoriales de gran prestigio abarcando las bibliotecas más importantes del mundo.

ÍNDICE

Made in the USA
Las Vegas, NV
23 December 2024

15252013R10100